SIMONE CASADEI

PRESENTAZIONI PERSUASIVE

Progettare e Realizzare Esposizioni Efficaci per Comunicare Idee e Lanciare Prodotti

Titolo

"PRESENTAZIONI PERSUASIVE"

Autore

Simone Casadei

Editore

Bruno Editore

Sito internet

www.brunoeditore.it

 Le strategie riportate in questo libro sono frutto di anni di studi e specializzazioni, quindi non è garantito il raggiungimento dei medesimi risultati di crescita personale o professionale. Il lettore si assume piena responsabilità delle proprie scelte, consapevole dei rischi connessi a qualsiasi forma di esercizio. Il libro ha esclusivamente scopo formativo.

Sommario

Introduzione

Secondo Paul J. Gibler, fondatore di *Connectingdots*, ogni giorno nel mondo vengono realizzate trenta milioni di presentazioni. Sempre secondo le stime di Gibler, il tempo dedicato alla loro preparazione vale 252 milioni di dollari. Con quei soldi potresti comprare una Bentley Continental Flying Spur al giorno per quasi tredici anni e mezzo.

Nonostante questa grandissima diffusione, in Italia l'utilizzo che si fa delle presentazioni è ben al di sotto delle grandissime potenzialità di questo strumento. Si fa ricorso agli slideshow con la stessa forma mentale con la quale si utilizzerebbe una lavagna o – peggio ancora – un blocco per appunti.

Scopo delle pagine seguenti è di aiutarti a utilizzare questo prezioso strumento per creare un'esperienza capace di coinvolgere chi ti ascolta, comunicando un entusiasmo smisurato. La tua presentazione può infatti servire a presentare un nuovo progetto, a cercare finanziatori, a illustrare i risultati di un'attività svolta e a introdurre nuove procedure aziendali.

La strada più semplice è quella seguita da molti professionisti, che utilizzano gli strumenti informatici per creare presentazioni che sono un mero mezzo per trasmettere (peraltro spesso in malo modo) solo informazioni: grafici incomprensibili, lunghi testi, caratteri troppo piccoli, noiosissimi elenchi puntati, effetti grafici degni di un filmino realizzato da un bambino appena entrato nell'età scolare.

In alternativa, puoi seguire i consigli contenuti in questo ebook e imparare a sfruttare al cento per cento le potenzialità di PowerPoint e Keynote, per far sì che i contenuti della tua presentazione colpiscano chi ti ascolta, magari con una punta di divertimento, trasformando una banale presentazione in un successo.

Gli esperti americani hanno elaborato un percorso composto da cinque fasi, la cui esecuzione ordinata consente di realizzare una presentazione efficace. Nell'originale inglese, il metodo potrebbe essere denominato “delle 5 P”, come le iniziali delle parole che sintetizzano ogni passaggio: *planning*, *preparing*, *practicing*, *previewing*, *presenting*.

Purtroppo la traduzione in italiano non consente di mantenere “le 5 P”, ma l’importanza di queste cinque fasi è tale da non consentire di dimenticarle solo perché si sono perse le gradevolezze linguistiche della versione inglese.

Quindi non scordarti mai che una presentazione di successo passa attraverso cinque momenti:

1) la **pianificazione**: come vedremo meglio in seguito, una buona presentazione nasce sulla carta;
2) la **preparazione**: è la fase in cui le idee abbozzate nei tuoi appunti vengono trasformate “in digitale”;
3) l’**allenamento**: una volta realizzata la tua presentazione, dovrai prenderci dimestichezza, dovrai farla tua, prima di “andare in scena”;
4) le **prove**: come negli spettacoli teatrali e cinematografici si fanno le *preview* per saggiarne l’effetto sui destinatari, così anche tu dovrai testare il tuo lavoro con un pubblico ristretto;

5) la **presentazione**: ecco il grande giorno, quello in cui i tuoi sforzi saranno ripagati, se avrai fatto un buon lavoro, se sarai stato capace di coinvolgere il tuo pubblico, se avrai reso il tuo entusiasmo palpabile e contagioso.

GIORNO 1:
Come ideare una presentazione di successo

Il primo rischio che si corre quando si decide di realizzare una presentazione è quello di mettersi davanti al monitor, lanciare il programma preferito e ritrovarsi davanti a una serie, più o meno lunga, di stili predefiniti o a un freddo foglio bianco. Non correre questo rischio: fa' sì che la tua presentazione nasca con carta e penna.

Per i tuoi primi appunti, per i tuoi schizzi non aver paura di ricorrere a strumenti "antichi" perché questi favoriscono «una maggiore chiarezza e conducono a risultati migliori e più creativi quando infine si arriva a rappresentare le nostre idee in modo digitale» (G. Reynolds, *Presentazioni zen*).

Come rileva Cliff Atkinson, nel suo *Beyond Bullet Points*, iniziare a creare una presentazione senza avere ben chiari i punti logici del proprio lavoro è come fare il regista e ingaggiare gli attori e iniziare a girare il film senza avere ancora il copione in mano.

SEGRETO n. 1: inizia a progettare la tua presentazione con carta e penna. Questo favorirà una maggiore chiarezza e ti porterà a risultati migliori e più creativi.

Richard Tait racconta che un giorno, durante un volo da New York a Seattle, prese un tovagliolo di carta della compagnia aerea e abbozzò l'idea di un gioco da tavolo capace di far emergere le capacità di ciascun giocatore in almeno un campo del sapere. Così è nato *Cranium*, poi acquistato dal colosso Hasbro, società quotata al Nasdaq di Wall Strett. L'idea originale del gioco era così semplice da poter essere sintetizzata su un tovagliolino.

Sai, poi, com'è stata concepita la Southwest Airlines? È nata grazie a tre cerchi disegnati su un tovagliolo a metà degli anni Sessanta da Rolling King. All'epoca, King era proprietario di una compagnia di voli charter e desiderava avviare un'altra compagnia per pendolari che, con prezzi competitivi, potesse collegare Dallas, Houston e San Antonio, evitando però i grandi aeroporti.

Mentre parlava della sua idea all'avvocato Herb Kelleher al St. Anthony's Club, King disegnò su un tovagliolo tre cerchi, all'interno di ciascuno dei quali scrisse il nome di una delle città che voleva collegare. Poi tracciò delle frecce per collegare i tre cerchi. L'immagine, così semplice e d'impatto, colpì Kelleher che, assieme a King, fondò nel 1967 la Southwest, reiventando il trasporto aereo statunitense.

Per partire con il piede giusto segui questi due semplici trucchi. Anzitutto, ogni volta che scrivi qualcosa, mettiti nei panni dei tuoi interlocutori e domandati: «Perché dovrebbe interessarmi?» Rispondere in continuazione a questa domanda ti aiuterà a creare, diapositiva dopo diapositiva, attenzione e coinvolgimento.

Poi, mentre vedi le tue idee concretizzarsi in appunti e schizzi, immagina di avere un omino sulla spalla (o una scimmietta o un pappagallo parlante, se li trovi più stimolanti) che, per ciascun concetto espresso, ti domandi: «E allora?» Se preferisci, puoi porti la domanda in una lingua straniera: ricorrere all'inglese «So what?» o al giapponese «Dakara nani?» potrà aiutarti in questa attività.

SEGRETO n. 2: mentre progetti la tua presentazione, domandati in continuazione «Perché dovrebbe interessarmi?» ed «E allora?»

Si tratta di due esercizi ripetitivi, che possono diventare anche defaticanti. D’altro canto non ho mai scritto che creare una presentazione efficace e di successo sia una cosa semplice o rilassante!

Seguendo questi due consigli, il tuo cervello ti domanderà: «Ma perché mi sto facendo queste due domande in continuazione?» Quando accadrà, ricordati che:

- chiedersi sempre «Perché dovrebbe interessarmi?» ti aiuta a creare attenzione e coinvolgimento;
- chiedersi sempre «E allora?» ti aiuta a capire che non sempre la significatività di quello che stai dicendo è manifesta, che forse ti stai soffermando su aspetti marginali che non richiederebbero tanta attenzione e tempo, oppure che stai dedicando energie a spiegare elementi già noti a chi ti ascolta…

Inoltre, indipendentemente dallo scopo della tua presentazione, cerca di partire con qualcosa che desti l'interesse di chi ti ascolta. Ad esempio, se il tuo lavoro serve per presentare le nuove modalità operative per la gestione dei reclami, evita una prima diapositiva che sintetizzi la quantità dei reclami ricevuti dall'azienda negli ultimi dodici mesi, raggruppati per tipologia, con l'indicazione dei tempi medi di risposta ai clienti insoddisfatti. Non è un buon modo per attirare, in principio, l'attenzione del tuo pubblico.

Sarebbe meglio esordire con una storia, un aneddoto, ad esempio sul fatto che il nipote di un'amica di tua zia Evelina ha preso un furgone a noleggio, ma si è visto addebitare sulla carta di credito un importo più alto rispetto al preventivo concordato; ha scritto al servizio clienti della società e, trascorsi quindici giorni senza aver avuto alcuna risposta, ha deciso di aprire un blog per raccogliere le critiche, spesso spietate, di altri clienti che ritenevano di aver subito un torto o un disservizio dalla società.

E ancora, supponiamo che tu voglia presentare il quadro finanziario della tua società, che opera nel mondo della produzione di software evoluti. Potresti iniziare con questa introduzione: «La nostra azienda, leader di mercato, sviluppa soluzioni per la proprietà intellettuale di semiconduttori intelligenti che, incrementando la velocità di circuiti integrati complessi, ne minimizzano i rischi».

Tecnicamente è un preambolo corretto. Ma non trovi che sia molto più efficace dire: «Realizziamo un software impiegato nella produzione dei chip che si trovano in molti dei telefoni palmari che avete nelle vostre tasche. Quanto più questi chip diventano piccoli, e quindi economici, tanto più i vostri telefoni si rimpiccioliscono e la loro carica dura più a lungo. Questo grazie alla nostra tecnologia, che lavora anche se voi non ve ne accorgete»?

SEGRETO n. 3: inizia la tua presentazione con qualcosa che desti l'interesse di chi ti ascolta.

La capacità di distrarsi degli ascoltatori è terribilmente alta; direi che è sempre più alta rispetto alla tua capacità di dire cose interessanti. Quindi, sei avvisato: devi partire con il piede giusto, solleticando da subito l'interesse e coinvolgendo il tuo pubblico. Se bruci l'attenzione all'inizio, finirai in un baratro dal quale non riuscirai più a uscire.

Il successivo passaggio logico che devi cercare di seguire è quello di porre un problema. Sempre ipotizzando che tu stia preparando una presentazione per illustrare le nuove procedure di gestione dei reclami, non iniziare subito proiettando diapositive accademiche con diagrammi di flusso, funzionigrammi e stime di efficienza.

Il tuo scopo è di creare uno spazio nel cervello di chi ti ascolta affinché possa trattare le informazioni che stai per dargli. Non si può offrire una soluzione senza aver parlato prima del problema. Sarebbe come avere il caffè (l'idea, la soluzione) ma non la tazzina in cui versarlo.

Solo dopo aver illustrato il problema, sarai pronto per la fase tre: quella in cui offri la soluzione. È il tuo momento, è il passaggio più importante della tua presentazione. Indipendentemente dallo scopo del tuo lavoro, tieni sempre a mente questa massima di Bruno Weiss: «Se non si conosce l'utilità per il cliente, non c'è nessuna speranza».

Quindi fa' attenzione: la tua soluzione deve essere concreta, immediatamente comprensibile e tempestivamente riconducibile a un'utilità diretta per chi ti ascolta o per coloro i cui interessi stanno a cuore al tuo pubblico.

SEGRETO n. 4: risveglia l'attenzione di chi ti ascolta: poni un problema e subito dopo fornisci la rispettiva soluzione.

La soluzione da te proposta dovrebbe essere sintetizzata in uno slogan di non più di 140 caratteri, facile da ricordare, scritto nella forma soggetto + verbo + complemento. Deve rimanere impresso, anche senza che chi ti ascolta prenda appunti.

Quando Steve Jobs ha lanciato l'iPhone, non ha scritto: «Apple sta per lanciare un nuovo dispositivo mobile, con il quale si potrà telefonare, ascoltare musica, navigare in Internet, utilizzare la posta elettronica, leggere ebook e accedere a un universo di applicazioni». Ha proposto, più semplicemente e più efficacemente, uno slogan: «Oggi Apple reinventa il telefono».

Solo 32 caratteri, capaci di dare un effetto molto più incisivo rispetto ai 216 del primo messaggio.

E quando ha lanciato il MacBook Air, Jobs non si è prodigato a elencare le caratteristiche tecniche del nuovo portatile di casa Apple. Più semplicemente, ha detto: «Che cos'è il MacBook Air? In due parole, il portatile più sottile al mondo». Sintetico. Ed efficace.

Un altro esempio? Quando Sergey Brin e Larry Page ottennero un appuntamento alla Sequoia Capital per cercare finanziamenti per Google, presentarono la loro tecnologia di ricerca, destinata a rivoluzionare il mondo di Internet, usando 65 caratteri appena: «Google consente l'accesso a tutta l'informazione con un solo clic». Da allora, ogni imprenditore che si presenta alla Sequoia per illustrare un proprio progetto deve avere il proprio *one-liner*, uno slogan capace di descrivere l'idea in una singola frase.

Un ultimo esempio: a tuo avviso, colpisce di più la frase «Utilizzando un commutatore Alpha101 e un sistema di crittografia simmetrica, offriamo un'efficace protezione contro le intrusioni nelle comunicazioni digitali» oppure «Mettiamo al sicuro le vostre comunicazioni»? La risposta mi sembra scontata.

Ma come fare a trovare lo slogan adatto a comunicare la tua idea? Un “KISS” ti aiuterà a fare questo lavoro. Niente a che fare con le manifestazioni d’affetto. “KISS” è soltanto un acronimo inglese che sta per «*Keep It Simple and Shape*» («Fa’ sì che la cosa sia semplice e precisa»).

Come ha detto il pittore Hans Hofmann: «Saper semplificare significa eliminare ciò che è superfluo perché possa esprimersi ciò che è necessario». Oppure, per dirla con Albert Einstein, «Se non lo sai spiegare in modo semplice, non l’hai capito abbastanza bene».

Fatto questo, puoi passare alla fase quattro: descrivere più nel dettaglio i vantaggi della soluzione che offri. Qui – e solo qui – puoi far ricorso (ma soltanto se strettamente necessario) a tecnicismi, puntualizzazioni e precisazioni.

Attenzione, però! In questa fase, limitati a tre messaggi chiave, che devono essere necessariamente recepiti dal pubblico. Perché tre e non più di tre?

Potrei citarti molte ricerche scientifiche a riguardo (persino il corpo dei Marines statunitensi ha condotto uno studio sull'argomento), ma l'efficacia di questo numero è testimoniata dalla letteratura e dalla cinematografia: ti sei mai chiesto perché i moschettieri erano tre? E come mai tre erano gli orsi incontrati da Riccioli d'oro?

Se il tuo pubblico recepirà che stai per lanciare tre messaggi, predisporrà il proprio cervello a recepirli. Così, ad esempio, se uno dei tuoi uditori si distrarrà, chiederà subito al suo vicino: «Aveva detto che il nuovo posizionamento avrebbe portato tre benefici ma… mi sono perso il secondo».

Non è difficile trovare i tre messaggi fondamentali della tua presentazione. Nei tuoi appunti, scrivi: «Se chi mi ascolterà potrà ricordare solo tre cose del mio lavoro, quali voglio che siano?» Poi segna, in colonna, i numeri da 1 a 3 e riempi gli spazi a destra di ciascun numero:

1) ____

2) ____

3) ____

Non è detto che questo lavoro riesca bene al primo tentativo: i punti che ti vengono in mente potrebbero essere quattro, ad esempio. Il tuo compito è quindi quello di "limare", aggiustare e perfezionare questo elenco.

In questo compito, può aiutarti il cosiddetto "test dell'ascensore". Supponi che, per qualunque motivo, la tua presentazione salti e che tu sia costretto a illustrarne i contenuti a coloro che avrebbero dovuto costituire il tuo pubblico nel tempo necessario per fare un viaggio in ascensore e per raggiungere, a piedi, il parcheggio.

I tuoi punti chiave possono essere sintetizzati in così poco tempo? Se sì, vuol dire che hai ben chiara la distinzione tra ciò che è superfluo e ciò su cui invece è necessario che si focalizzi la tua attenzione.

Anche Steve Ballmer, CEO di Microsoft, ha capito l'importanza strategica dei tre punti chiave. Al Consumer Electronics Show di Las Vegas, nel gennaio 2009, ha fatto ampio ricorso alla "regola del tre". Ecco alcuni passaggi del suo discorso:

- «A questo punto, vorrei parlarvi un po' dell'economia, del nostro settore e del lavoro che facciamo alla Microsoft»;
- «Quando penso alle nostre opportunità, penso a tre aree fondamentali»;
- «Guardandoci indietro, sono tre le cose che hanno portato al successo Windows e il PC»;
- «Stiamo per lanciare la migliore versione di Windows mai vista prima. Abbiamo tutti gli ingredienti necessari: la semplicità, l'affidabilità e la velocità».

Ricevendo l'Arthur Ashe Courage & Humanitarian Award, l'allenatore di basket Jimmy Valvano, cui era stato diagnosticato un tumore, tenne un discorso. In quell'occasione anche Valvano seguì in più occasioni la regola del tre.

Disse infatti: «Per me ci sono tre cose che tutti noi dovremmo fare ogni giorno. La prima è ridere. (...) La seconda è pensare. (...) E la terza è saper esprimere le proprie emozioni – la tristezza come la gioia – attraverso il pianto. (…) Il cancro può togliermi le energie fisiche ma non potrà toccare le mie facoltà mentali, il mio cuore e la mia anima. Queste resteranno per sempre».

Infine, la fase cinque: invita, con entusiasmo, all'azione. Se avrai fatto un buon lavoro, il tuo pubblico – appena avrai finito di parlare – dovrebbe avvertire il desiderio di alzarsi dalla sedia per mettere in pratica quello che tu hai suggerito o proposto, che si tratti di firmare un contratto, di modificare una procedura, di avviare una nuova linea di produzione ecc.

Per fare questo, ricorda, ci vogliono passione ed entusiasmo. Appena avrai trovato il modo per esprimerli, non avere paura di condividerli! Secondo Guy Kawasaki, «l'essenza del proselitismo è mostrare con passione alle persone che sia possibile fare la storia assieme. È un concetto che ha poco a che vedere con incassi, profitti e co-marketing. È il modo più passionale per vendere, perché quello che si vende è un sogno, non un oggetto concreto».

Attenzione: il concetto espresso da Kawasaki si allontana così tanto dal sentire comune che, forse, per capirlo appieno è necessario rileggerlo.

In ogni fase della tua progettazione, ricordati comunque di utilizzare metafore e similitudini ogni volta che puoi. Il ricorso – chiaramente non forzato – a questi artifici retorici ti aiuterà a rendere più coinvolgente la tua presentazione.

Le metafore sportive sono quelle più utilizzate: «Giochiamo tutti nella stessa squadra», «Abbiamo le carte in regola per giocare una partita perfetta» ecc. Sforzati, però, di cercarne altre di maggiore impatto.

Anni fa, ad esempio, la Kapersky ha lanciato una campagna pubblicitaria per la promozione di un pacchetto antivirus. Per fare questo, ha utilizzato l'immagine di un cavaliere medioevale che, abbattuto, lasciava il campo di battaglia, mostrando la schiena. L'immagine era corredata dallo slogan: «Non abbatterti! Una volta andavi benissimo».

Ti sarà chiaro che la metafora ideata dalla Kapersky paragonava le tecnologie di sicurezza Internet dei concorrenti dell'azienda a un lento cavaliere, non più in grado di competere con le nuove tecniche di guerra.

Ricordati, infine, che le diapositive che preparerai non devono raccontare alcunché. Tu dovrai farlo, tu dovrai essere il protagonista della presentazione: le diapositive dovranno essere solo un tuo complemento.

SEGRETO n. 5: ricorri con frequenza a metafore e similitudini perché ti aiutano a coinvolgere chi ti ascolta. E sii tu il protagonista della presentazione, non le diapositive che hai preparato.

RIEPILOGO DEL GIORNO 1:

- SEGRETO n. 1: inizia a progettare la tua presentazione con carta e penna. Questo favorirà una maggiore chiarezza e ti porterà a risultati migliori e più creativi.
- SEGRETO n. 2: mentre progetti la tua presentazione, domandati in continuazione «Perché dovrebbe interessarmi?» ed «E allora?»
- SEGRETO n. 3: inizia la tua presentazione con qualcosa che desti l'interesse di chi ti ascolta.
- SEGRETO n. 4: risveglia l'attenzione di chi ti ascolta: poni un problema e subito dopo fornisci la rispettiva soluzione.
- SEGRETO n. 5: ricorri con frequenza a metafore e similitudini perché ti aiutano a coinvolgere chi ti ascolta. E sii tu il protagonista della presentazione, non le diapositive che hai preparato.

GIORNO 2:
Come mettersi dalla parte di chi ascolta

È molto importante che, prima ancora di trasformare il tuo progetto in una presentazione vera e propria, tu sia capace di metterti dalla parte di chi ti dovrà ascoltare.

Non si tratta solo di essere empatici, cioè di sviluppare la capacità di immedesimarsi nel proprio pubblico, ma anche – e soprattutto – di conoscere i meccanismi psicologici che regolano l'ascolto di chi sarà davanti a te mentre presenterai il tuo lavoro.

Richard E. Mayer, che insegna Psicologia della comunicazione all'Università della California di Santa Barbara, ha elaborato a questo riguardo tre importanti principi.

Il primo è il **principio della rappresentazione multimediale**: «È meglio fornire una spiegazione corredata da parole e immagini, anziché solo a parole». Per questo è necessario che nella tua presentazione trovino spazio testi, immagini e video, in giusto equilibrio tra di loro.

Questo principio è strettamente legato al cosiddetto *Picture superiority effect*. Poiché le informazioni verbali e quelle visive subiscono processi di elaborazione differenti, in canali diversi del nostro cervello, è più probabile che ciò che viene detto sia ricordato se esposto anche con immagini.

A questo riguardo, ricorda che un test ha rilevato che le informazioni trasmesse a un campione solo in forma orale erano ricordate, a distanza di 72 ore dall'ascolto, solo dal 10% degli ascoltatori. Questa percentuale saliva al 65% se l'informazione era stata trasmessa utilizzando un'efficace combinazione di testi e immagini.

Sembrava saperlo bene anche lo scrittore Paul Arden, che ha elaborato un consiglio preziosissimo: «Invece di concedere alle persone il privilegio della vostra intelligenza e del vostro ingegno (cioè delle vostre parole), provate a presentare loro un'immagine. Quanto più la vostra presentazione saprà farsi notare dal punto di vista visivo, tanto più le persone se la ricorderanno». Attenzione, però, a investire un po' di tempo (e in alcuni casi anche una manciata di euro) nella scelta delle immagini.

Devi, infatti, utilizzare solo fotografie e disegni di alta qualità: puoi eseguire tu stesso gli scatti con una macchina fotografica digitale, acquistare le immagini in rete o scaricarle da siti che le offrono gratuitamente. Fai attenzione, in ogni caso, a non violare i diritti d'autore e non ingrandire a dismisura immagini a bassa risoluzione solo per riempire lo spazio che hai riservato alla grafica: il risultato sarebbe davvero mediocre.

Inoltre, evita di ricorrere alle gallerie di clipart che il tuo software mette a disposizione: si tratta di immagini che, con buona probabilità, il tuo pubblico avrà già visto centinaia di volte. Potevano andare bene agli inizi degli anni Novanta, ma il loro utilizzo, oggi, minerebbe la tua professionalità.

Il secondo **principio**, invece, è quello **di contiguità**: «Nel corso di un'esposizione multimediale, bisogna mostrare le immagini assieme alle parole, e non separarle», dice sempre il prof. Mayer.

Ecco, quindi, che è importante che i diversi strumenti a tua disposizione (testi, immagini e video) siano utilizzati assieme, affinché possano rafforzarsi l'uno con l'altro.

Ad esempio, se intendi trasmettere il concetto che la nuova procedura da te ideata renderà più veloce l'esecuzione di un lavoro, potrai sintetizzarlo utilizzando, in combinazione tra loro, l'immagine di un ghepardo (animale conosciuto da tutti per la sua velocità) assieme all'etichetta «Migliore performance».

Il terzo e ultimo **principio** elaborato da Mayer è quello detto **di coerenza**: «Durante una presentazione multimediale, parole e immagini non pertinenti devono ricorrere il meno possibile». Per questo la diapositiva dovrebbe contenere solo informazioni (testuali o visive) ritenute strettamente necessarie, facendo in modo che chi ascolta non perda risorse cognitive sforzandosi di rintracciare i messaggi importanti nello schermo.

SEGRETO n. 6: nel progettare la tua presentazione, tieni sempre a mente i principi di rappresentazione multimediale, di contiguità e di coerenza elaborati da Richard Mayer.

Tutte le presentazioni realizzate da Steve Jobs tengono in debito conto i principi sopra illustrati. Segui, ad esempio, il passaggio per la presentazione della funzione Genius di iTunes al Macworld 2008:

Frasi pronunciate da Jobs	Diapositive
«Stiamo per presentare una nuova funzione di nome Genius. Genius è fantastico»	Genius
«Quello che fa Genius è creare, in modo del tutto automatico, playlist di brani simili rispetto alla vostra libreria, tutto grazie a un clic. Vi aiuta a riscoprire pezzi nascosti della libreria e crea straordinarie playlist che non avreste saputo fare meglio. E lo fa veramente con un unico clic»	Creare in modo del tutto automatico playlist di brani simili alla vostra libreria musicale, con un semplice clic
«Allora, questo è quello che fa Genius. Ed ecco come si usa. Diciamo che state ascoltando una canzone, nel mio caso una di Bob Dylan»	Schermata di una libreria iTunes, con un brano selezionato

«Qui, nell'angolo inferiore, c'è un pulsante Genius. Basta cliccarci sopra e... voilà! Avete creato una playlist Genius» «Potrete inoltre far comparire la barra laterale Genius, che vi consiglierà quali brani potreste voler acquistare sull'iTunes Store»	Un cerchio animato circonda il simbolo di Genius nella parte inferiore destra dello schermo
«Ecco, invece, come funziona: abbiamo messo l'iTunes store *in the cloud*, integrandovi gli algoritmi di Genius»	Disegno di una nuvola, che circonda il simbolo di Genius
«Dunque, ecco la vostra libreria musicale. Se attivate Genius, la funzione invierà a iTunes informazioni su di essa, così noi possiamo conoscere i vostri gusti musicali. Si tratta di informazioni inviate in modo del tutto anonimo»	Immagine di una libreria iTunes. Una freccia sale da iTunes verso la nuvola
«Ma non useremo soltanto le vostre informazioni. Le combineremo con quelle raccolte da milioni di altri utenti di iTunes»	Appaiono diverse altre libreria iTunes, accanto alla prima

«Perciò, voi invierete le vostre informazioni quassù, nella nuvola, e lo stesso faranno tutti gli altri»	Appaiono decine di frecce che, da ciascuna libreria, salgono verso la nuvola
«E mano a mano che questo succede, Genius diventa sempre più intelligente»	Il simbolo di Genius è sostituito dalla parola «Smarter» (più intelligente)
«Tutti ne trarranno vantaggio. Quando vi rinvieremo i risultati ottenuti con Genius, questi ultimi saranno tagliati su misura per la vostra libreria musicale»	Appaiono frecce che dalla nuvola scendono verso la libreria iTunes

Ricorda poi che i tuoi uditori non sono tutti uguali. Statisticamente, il 40% di loro tratterrà le informazioni acquisite attraverso le immagini. Sono coloro naturalmente favoriti dal cosiddetto "apprendimento visivo". Un altro 20-30%, invece, preferirà l'"apprendimento uditivo" e sarà quindi favorito nel trattenere le informazioni ascoltate. Infine, un 30-40% di chi ti ascolta sarà naturalmente portato a trattenere le informazioni acquisite facendo, toccando o muovendo cose: questo è il cosiddetto "apprendimento cinestetico".

Per questo motivo, è importante che, attraverso la tua

presentazione, gli uditori siano sollecitati a usare almeno tre sensi: la vista, l'udito e il tatto. I primi due sono quasi scontati e certo incontestabili. Il terzo, invece, è spesso dimenticato.

Devi presentare un nuovo prodotto? Se ti è possibile, consegna al tuo pubblico un prototipo o un suo componente che consideri strategicamente importante. Devi illustrare una nuova procedura di digitalizzazione dei documenti di un'azienda? Metti dentro un faldone della carta, ad esempio quella "risparmiata" evitando di fare fotocopie in una settimana di lavoro, e fallo passare tra chi ti ascolta, perché ne possa saggiare il peso.

SEGRETO n. 7: nella tua presentazione, fa' sì che il tuo pubblico usi la vista, l'udito e il tatto.

Ricorda che «le persone dimenticheranno quello che hai detto, non ricorderanno quello che hai fatto, ma non si scorderanno mai come le hai fatte sentire» (Maya Angelon).

Un'altra importante considerazione riguarda i numeri. Molto spesso cifre, percentuali, stime fanno bella mostra di sé nelle presentazioni. Perché essi siano però veramente utili, devi fare in modo che siano specifici, rilevanti e contestualizzati. Presta attenzione, in altre parole, al fatto che i numeri non avranno effetto sul tuo pubblico se non saprai dar loro un significato. È necessario che ti sforzi di paragonare le cifre a qualcosa di noto per chi ti ascolta, perché questo renderà il tuo messaggio più interessante, più efficace e più convincente.

Qualche esempio ti aiuterà a capire questo concetto. Stai presentando una nuova chiavetta USB che, nello spazio di un'unghia, è capace di contenere 50Gb d'informazioni? Non prendere come riferimento lo spazio fisico disponibile sul dispositivo, ma quante cose esso può contenere: non parlare, quindi, di «50 Gb di spazio» ma di «spazio per 10.000 canzoni, sufficienti a riempire di bellissima musica quasi tre settimane della vostra vita, senza fermarsi mai».

Ancora: il Roadrunner è un supercomputer ideato da IBM: ha una velocità di un petaflop al secondo. Un petaflop corrisponde a mille trilioni di calcoli al secondo. Un numero forse troppo grande per acquisire significato. Nel presentare il Roadrunner alla stampa, IBM disse: «Se negli ultimi dieci anni nel settore automobilistico si fosse riusciti ad aumentare i chilometri fatti con un litro di benzina con la stessa velocità con cui i supercomputer hanno migliorato i propri costi e la propria efficienza, oggi faremo più di 85.000 chilometri con un litro di carburante».

Infine, ricorderai che alla fine del 2008 il governo americano varò una manovra da 700 miliardi di dollari per salvare alcune banche in crisi. In pochi riescono a dare valore a una cifra così alta. Per questo, Scott Harris del San Jose Mercury News la contestualizzò, affinché i suoi lettori la potessero capire.

Così disse che la manovra aveva un valore pari a 25 volte il patrimonio dei due fondatori di Google messi assieme; a 350 miliardi di cappuccini di Starbucks; alle spese universitarie di 23 milioni di studenti; all'equivalente di un assegno da 3.200 dollari consegnato a ciascun americano, uomo, donna o bambino.

SEGRETO n. 8: fai in modo che i numeri che proponi acquistino un significato concreto per chi ti ascolta.

Secondo Guy Kawasaki, manager, imprenditore e saggista

statunitense, una presentazione che funziona deve rispondere a cinque caratteristiche.

Deve essere:

- **breve**: cioè capace di non annoiare la platea;
- **semplice**: deve trasmettere non più di uno o due concetti chiave. L'obiettivo è mostrare al pubblico abbastanza elementi da stuzzicarlo, ma non così tanti da confonderlo;
- **seducente**: deve essere capace di «sottolineare le caratteristiche più strepitose che differenziano» il tuo prodotto o il tuo servizio;
- **agile**: cioè dotata di ritmo, «non fate mai nulla che dura più di quindici secondi»;
- **concreta**: deve spiegare, in modo chiaro, quale soluzione il tuo prodotto o il tuo servizio offrono a un problema reale, sperimentato.

SEGRETO n. 9: una presentazione di successo deve essere breve, semplice, seducente, agile e concreta.

Per capire meglio le parole e i suggerimenti di Kawasaki,

prendiamo il discorso tenuto da Steve Jobs durante il WWDC del 2008, durante il quale il CEO di Apple presentò l'iPhone 3G.

Frasi pronunciate da Jobs	Diapositive	Caratteristiche
«Perché dovreste volere il 3G? Beh, perché avrete un download dati più rapido dove ne avete più bisogno: quando navigate in Internet e quando scaricate gli allegati delle e-mail»	Due icone: una rappresenta Internet, l'altra la posta elettronica	Concreta: la dimostrazione risolve un problema reale
«Diamo un'occhiata al browser. Abbiamo preso un iPhone 3G e, nel medesimo luogo e alle medesime condizioni, abbiamo aperto la pagina di un sito web usando prima la rete EDGE e poi la rete 3G»	Animazione: due iPhone in contemporanea aprono il sito web del National Geographic. Il terminale di sinistra è sulla rete EDGE; quello di destra è sulla rete 3G	Semplice: La dimostrazione mostra il caricamento dello stesso sito web su due smartphone. Seducente: Il confronto è tra il 3G e il suo principale rivale dell'epoca, la rete EDGE

«Ecco come abbiamo fatto» [Jobs rimane in silenzio mentre entrambe le immagini si caricano sullo schermo]	Caricamento del sito su entrambi gli iPhone	
«Ventun secondi sul 3G» [aspetta in silenzio per altri trenta secondi, provocando risate tra la platea]. «Cinquantanove secondi sull'EDGE. Stesso telefono. Stesse condizioni. Il 3G è 2,8 volte più veloce […]. È straordinariamente scattante»	Il 3G termina completamente l'apertura del sito, mentre l'EDGE sta ancora caricando	Agile: il periodo di silenzio è coperto dalle risate del pubblico. Breve: L'intera dimostrazione dura meno di due minuti

RIEPILOGO DEL GIORNO 2:

- SEGRETO n. 6: nel progettare la tua presentazione, tieni sempre a mente i principi di rappresentazione multimediale, di contiguità e di coerenza elaborati da Richard Mayer.
- SEGRETO n. 7: nella tua presentazione, fa' sì che il tuo pubblico usi la vista, l'udito e il tatto.
- SEGRETO n. 8: fai in modo che i numeri che proponi acquistino un significato concreto per chi ti ascolta.
- SEGRETO n. 9: una presentazione di successo deve essere breve, semplice, seducente, agile e concreta.

GIORNO 3:

Come trasformare il tuo progetto in digitale

A questo punto, la fase d'ideazione della tua presentazione è conclusa. È arrivato il tempo, quindi, di trasferire il tuo progetto dalla carta al computer, in formato digitale. Prima, però, ritengo opportuno proporti ancora alcuni consigli.

Per prima cosa sappi che inserire in una diapositiva le informazioni in forma testuale nello stesso identico modo in cui hai intenzione di esprimerle a parole, danneggerà il tuo messaggio.

Chi ti ascolta, anzitutto, leggerà ciò che vede proiettato ignorando la tua voce. Sarà un effetto biologicamente inevitabile, perché ciascuno di noi legge in maniera più rapida rispetto alla velocità del parlato. Inoltre, non si sentirà coinvolto nella tua presentazione, pensando che, se si doveva limitare a leggere, poteva starsene comodamente in ufficio e ricevere da te un pdf.

Insomma: riportare lunghi periodi di testo in una diapositiva e leggerli tali e quali durante la presentazione è un errore che, benché frequente, devi assolutamente evitare.

Se proprio devi ricorrere a porzioni di testo, usa termini semplici (che non appartengano a un vocabolario tecnico e siano composti da poche sillabe), concreti (prediligi, quindi, frasi brevi e mirate a discussioni lunghe e astratte) e di impatto emotivo (fai ricorso ad aggettivi connotativi, come "incredibile", "fantastico", "eccezionale", "sorprendente").

SEGRETO n. 10: non riportare nelle tue diapositive lunghi periodi di testo e soprattutto non leggerli esattamente così come sono scritti. Usa poche parole, semplici, concrete e di impatto emotivo.

Un altro mantra che ripeto sempre è che gli elenchi puntati non servono. Fattene una ragione: sono comodi, ne facciamo un gran uso nei documenti, ma nelle presentazioni sono assolutamente inefficaci. Vanno benissimo, infatti, solo nei testi pensati per la lettura, come libri, documenti ed e-mail.

SEGRETO n. 11: gli elenchi puntati, nelle presentazioni, sono assolutamente inefficaci.

Secondo Guy Kawasaki, nel realizzare la tua presentazione devi seguire la regola del “10/20/30”: non realizzare più di 10 diapositive, fai in modo che l’esposizione non richieda più di 20 minuti, non utilizzare un font di dimensione inferiore a 30.

Chiaramente, come tutte le regole, anche quella del “10/20/30” ammette eccezioni. Il numero delle diapositive, anzitutto, può variare a seconda delle tue necessità. Ma poni sempre attenzione a non eccedere per quantità, a scapito della qualità. Eviterai così di creare quelli che il designer Garr Reynolds ha definito “slideumenti”, il tentativo cioè di inserire interi documenti nelle diapositive.

Per quanto riguarda la durata della tua presentazione, poi, ricordati che, generalmente, chi ti ascolta staccherà la spina dopo dieci minuti. Non undici, non un quarto d’ora. Dopo dieci minuti. Il fatto che il nostro cervello, passati dieci minuti, inizi ad annoiarsi, è un dato scientificamente dimostrato.

Lo sa bene anche Steve Jobs e lo ha testimoniato, ad esempio, in occasione del Macworld 2007. Trova il modo di riguardarti la registrazione di quell'evento e ti accorgerai che, dopo esattamente dieci minuti dall'apertura, Jobs ha mostrato il nuovo spot televisivo per iTunes e iPod. Utilizzando questa tecnica è stato capace di creare un "intervallo" e di ridestare l'attenzione del suo uditorio.

Il risultato positivo ottenuto in questa maniera è scientificamente dimostrabile. Lo scienziato John Medina in proposito ha scritto: «L'amigdala è piena di dopamina, un neurotrasmettitore. Quando il cervello percepisce un evento emotivamente coinvolgente l'amigdala rilascia dopamina nel sistema. E poiché quest'ultima favorisce decisamente la memorizzazione e l'elaborazione delle informazioni, si potrebbe dire che sia come un post-it con scritto: Ricordatelo!».

Sulla dimensione del carattere lo stesso Kawasaki ammette un po' di elasticità e suggerisce di utilizzare un corpo non inferiore all'età dell'ascoltatore più anziano divisa per due, ma in ogni caso non inferiore a 14. Il tuo ascoltatore più anziano avrà 60 anni?

Poiché 60 diviso 2 fa 30, allora 30 sarà la dimensione del carattere più piccolo che dovrai utilizzare. Il tuo ascoltatore più anziano avrà 26 anni? Poiché 26 diviso 2 fa 13, ma il minimo imprescindibile è 14, 14 sarà la dimensione del carattere più piccolo che dovrai utilizzare.

Fai anche attenzione alla scelta del carattere. Non si tratta di un passaggio banale: ad esempio, non è possibile utilizzare per una presentazione professionale il carattere Comic Sans MS, che alcuni trovano gradevole, ma che è, oltre ogni ragionevole dubbio, inadatto a una presentazione rivolta al consiglio di amministrazione di una grande compagnia.

Inoltre, in tutta la tua presentazione utilizza sempre lo stesso font, prediligendo caratteri sans-serif (come Arial o Helvetica), che risulteranno più semplici da leggere.

SEGRETO n. 12: segui la regola del "10/20/30". La tua presentazione deve essere composta al massimo da 10 diapositive, deve durare meno di 20 minuti e il testo utilizzato non deve avere una dimensione inferiore a 30.

Infine, ricorda: le tue diapositive non saranno più interessanti solo perché le avrai riempite con testi, immagini, animazioni, cornici e altri fronzoli. Fa' in modo che in ciascuna diapositiva ci siano le informazioni necessarie, organizzando bene lo spazio e non avendo paura di lasciare aree bianche: daranno respiro al tuo lavoro e trasmetteranno, al contempo, eleganza, qualità e chiarezza.

SEGRETO n. 13: in ciascuna diapositiva limitati alle informazioni necessarie, senza avere paura di lasciare aree bianche.

Per spiegarmi meglio, eccoti un esempio di una brutta diapositiva:

Relazione

La *relazione* sul web è intesa come **interattività** e **fidelizzazione**. Per lo sviluppo di una relazione duratura, bisogna **creare valore** per l'utente attraverso una gestione puntuale e personalizzata.

- **Newsletter personalizzabili** per cadenza, contenuti, formato, design
- **Cartella clinica** del paziente consultabile on line
- Schemi clinici di valutazione per una prima **autodiagnosi** e casi clinici
- Aree per i **bambini**, i portatori di **handicap**, i **parenti**
- **Forum** di discussione
- Cataloghi/tariffe
- Contact center
- Motori di ricerca

Difficile salvare qualcosa di questo lavoro. È sbagliata la scelta del colore, del font, della quantità di caratteri, la disposizione del testo. Gli stessi contenuti si sarebbero potuti riportare in una diapositiva tipo quella che segue, nella quale si sono scelti caratteri più leggibili, sono state eliminate le porzioni di testo non necessarie ed è stato eliminato l'elenco puntato:

RELAZIONE
interattività + fidelizzazione

creare valore
gestione personalizzata
relazione duratura
cartella clinica on-line
motori di ricerca
aree per parenti
cataloghi
aree per portatori di handicap
forum
newsletter
aree per bambini
contact center
schemi per autodiagnosi

Ancora un esempio. Se fossi chiamato ad assistere a una presentazione in cui fosse proiettata una diapositiva come quella che segue, probabilmente me ne andrei. Credo che, a questo punto, sia chiaro anche a te quali errori siano stati commessi (la scelta cromatica, il font utilizzato, l'elenco puntato).

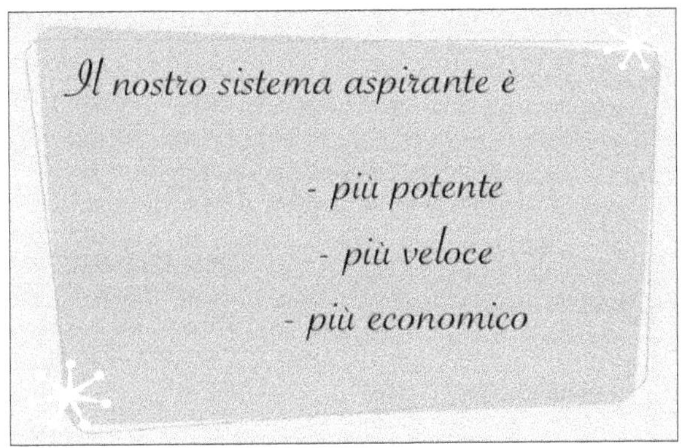

Non sarebbe stato meglio trasmettere lo stesso concetto con alcune immagini efficaci, come nell'esempio seguente?

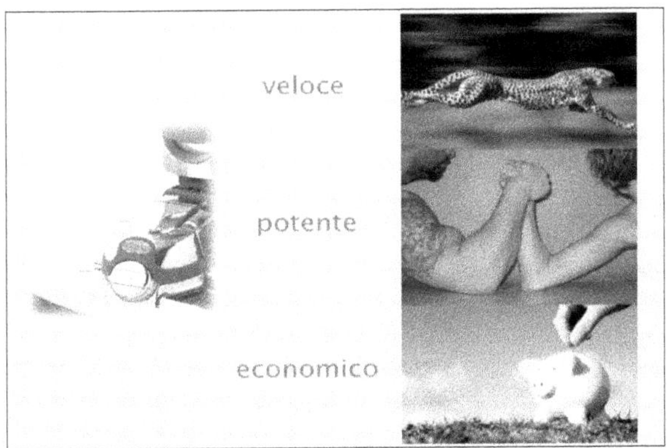

La slide seguente sintetizza alcune delle caratteristiche del MacBook Air:

MACBOOK AIR

SCHERMO
Schermo 13", di tipo glossy retroilluminato a let, in grado di riprodurre milioni di colori

ARCHIVIAZIONE
Disco rigido da 120 GB

DIMENSIONI E PESO
* altezza 0,4-1,94 cm
* larghezza 32,5 cm
* profondità 22,7 cm
* peso 1,36 kg

PROCESSORE E MEMORIA
Processore a 1,6 GHz
6 MB di cache 1.2 su chip condivisa
Bus frontside a 10660 MHz
2 GB di SDRAM DDR2 a 1066 MHz

Questa, che presenta lo stesso prodotto, non ti sembra più accattivante?

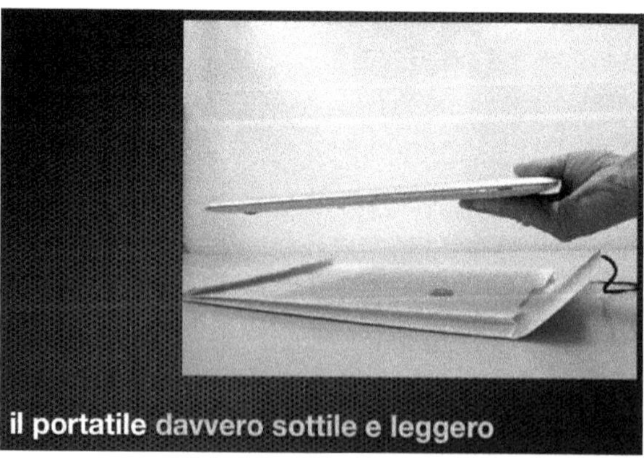

Gli strumenti più diffusi per la creazione di presentazioni sono PowerPoint e Keynote. Il primo software, prodotto dalla Microsoft, ha un grande vantaggio rispetto a quello dalla Apple, perché detiene il 90% del mercato informatico. Del restante 10%, formato da utenti Mac, molti preferiscono usare PowerPoint per Mac. Per questo, le presentazioni realizzate con Keynote sono sicuramente una minima parte rispetto al totale.

PowerPoint non ha bisogno di essere presentato: oramai anche i bambini delle scuole primarie iniziano a conoscerlo. È interessante, invece, ricordare come Steve Jobs ha presentato per la prima volta Keynote. Al Macworld del 2003, il CEO di Apple lo lanciò così: «C'è un'altra nuova applicazione che annunceremo oggi. Si chiama Keynote».

E proseguì: «Keynote è l'applicazione per le presentazioni che contano davvero [diapositiva con la scritta: «Quando le vostre presentazioni contano davvero»]. Ed è stato fatto per me [diapositiva con la scritta: «Fatto per me». Nota il messaggio, sintetico ma assolutamente capace di attirare l'attenzione del pubblico]. Mi serviva un'applicazione per creare il tipo di slide show molto grafica che volevo mostrarvi in questa presentazione al Macworld. È stato fatto per me e ora lo voglio condividere con voi. Abbiamo assunto un beta tester sottopagato che lo ha provato per un anno. Eccolo qua! [diapositiva con la foto di Steve Jobs, che suscita inevitabilmente le risate del pubblico]. Invece di stare a guardare una serie di diapositive, lasciate che vi mostri come funziona». E salì sul palco per una dimostrazione del funzionamento del nuovo software di Cupertino.

Oltre a PowerPoint e Keynote, che sono programmi a pagamento, esistono anche risorse gratuite, come il pacchetto “Presentazione” di OpenOffice. È evidente, comunque, come i consigli contenuti in questo ebook siano applicabili indipendentemente dalla piattaforma utilizzata per creare la tua presentazione.

Ti consiglio, inoltre, di leggere l’ebook di Dario Ferrero e Barbara Rampone, pubblicato da Bruno Editore, intitolato *Patente europea per il computer*, nel quale un intero modulo è dedicato alla creazione di presentazioni in PowerPoint.

RIEPILOGO DEL GIORNO 3:

- SEGRETO n. 10: non riportare nelle tue diapositive lunghi periodi di testo e soprattutto non leggerli esattamente così come sono scritti. Usa poche parole, semplici, concrete e di impatto emotivo.
- SEGRETO n. 11: gli elenchi puntati, nelle presentazioni, sono assolutamente inefficaci.
- SEGRETO n. 12: segui la regola del "10/20/30". La tua presentazione deve essere composta al massimo da 10 diapositive, deve durare meno di 20 minuti e il testo utilizzato non deve avere una dimensione inferiore a 30.
- SEGRETO n. 13: in ciascuna diapositiva limitati alle informazioni necessarie, senza avere paura di lasciare aree bianche.

GIORNO 4:
Come prevenire situazioni di panico

A meno che tu non sia un professionista della comunicazione è naturale che l'idea di parlare davanti a un pubblico possa metterti in imbarazzo. In alcune circostanze, il disagio della situazione può tramutarsi in vero e proprio panico.

Vorrei darti alcuni brevi suggerimenti su come ridurre lo stress, affinché la tua presentazione non sia solo ben realizzata, ma sia anche illustrata in maniera efficace e professionale. La prima cosa che devi ricordare è che, nel presentare il tuo lavoro, devi mantenere sempre il contatto visivo con chi ti sta ascoltando. Questo trasmette onestà, affidabilità, sincerità e sicurezza.

Rompere questo contatto è un metodo infallibile per perdere il legame con il tuo pubblico: non guardare negli occhi il proprio interlocutore è interpretato come mancanza di fiducia in se stessi e di capacità di leadership.

SEGRETO n. 14: nel presentare il tuo lavoro, mantieni sempre il contatto visivo con chi ti sta ascoltando.

Inoltre, devi fare in modo di dimostrare spontaneità. Perché ciò accada, è necessario che tu faccia prove: l'esercizio sarà anche il miglior antidoto contro il panico.

Avrai forse avuto modo di vedere le presentazioni di Steve Jobs. Le sue performance sul palco sembrano avvicinarsi più agli standard di un uomo di spettacolo che a quelli di un CEO di una grandissima azienda. Appare sicuro di sé, sincronizzato con le diapositive che vengono proiettate, spontaneo. Ma ricorda: non è solo questione di capacità personali. Il segreto di Jobs è che conquista quest'atmosfera d'informalità con estenuanti ore di prove, durante le quali si esercita e perfeziona la sua presentazione.

Lo sa bene anche Joel Osteen, pastore protestante di Houston, in Texas. Ai suoi sermoni domenicali assistono milioni di fedeli, presenti nella sua chiesa o collegati con un canale televisivo via cavo. Il reverendo Osteen inizia a preparare le sue omelie il mercoledì, le perfeziona e le prova fino alla domenica.

Ha degli appunti ma li guarda senza dare nell'occhio: li poggia sul pulpito, dietro al quale però non si ferma mai. In questo modo mantiene il contatto visivo con i fedeli e manifesta un atteggiamento aperto e accogliente. Non legge mai frasi intere dai suoi appunti: passa dietro al pulpito, dà un'occhiata ai suoi fogli e continua a camminare, parlando.

Anche Steve Jobs fa un uso assai discreto dei suoi appunti. In una sola occasione qualche blogger riuscì a fotografarli. Era il 2007 e Jobs stava presentando l'iPhone al Macworld. Nel foglietto erano scritti, in rosso, quattro punti: Mail, Safari, Widget e Maps. Sotto ciascun punto erano presenti da due a cinque sottopunti. I cinque sottopunti del paragrafo Maps erano: «Moscone West – Starbucks. Ordinare 4.000 cappuccini da asporto – Washington Monument – Mostrare la vista dal satellite – Tour Eiffel. Colosseo».

Quando Jobs informò il pubblico che stava per presentare loro qualcosa «di veramente notevole», Google Maps su iPhone, anzitutto avviò l'applicazione e usò la funzione zoom sul Moscone West, il centro dove si stava tenendo l'evento. Poi scrisse «Starbucks» e, trovato il caffè più vicino, telefonò al negozio, ordinando 4.000 cappuccini da asporto (con una naturalezza tale che difficilmente si sarebbe detto che la cosa fosse stata preparata a tavolino).

Poi visitò il Washington Monument, battendo sullo schermo. Ancora, selezionò la vista dal satellite e mostrò il monumento. Lo stesso fece poi con la Tour Eiffel e il Colosseo. «Immagini via satellite proprio qui, sul nostro telefono. Incredibile. Non è straordinario?», chiosò.

Fare prove, però, non basta. Non avere timore di registrare la tua presentazione e riguardarla. Meglio ancora: dopo esserti registrato, trova amici che ti diano un giudizio sincero e obiettivo guardando il video.

Ci sono almeno cinque domande che devi farti per valutare la tua esposizione:

1. «Ho mantenuto il contatto visivo?» Devi imparare a memoria

la tua presentazione: questo ti eviterà di dover ricorrere (o quantomeno di farlo frequentemente) agli appunti. Devi imparare a memoria non solo le cose che hai intenzione di dire, ma anche la sequenza delle diapositive che hai preparato; devi sapere, in altre parole, cosa comparirà sullo schermo non appena avrai deciso di passare alla slide successiva. Non spaventarti! Funziona come nello sport: tanto allenamento si traduce in minore fatica e in risultati più performanti.

2. «Ho curato il mio linguaggio non verbale?» Il tuo linguaggio non verbale è sicuro e autorevole? Tieni le braccia incrociate? Tieni le mani in tasca? Ti agiti o ti muovi eccessivamente?
3. «Ho abusato di riempitivi?» Usi continuamente espressioni come «ehm», «ah», «cioè», «praticamente» affinché lo spazio tra i tuoi pensieri sia riempito? A volte non ci si fa neanche caso, ma tu prova a chiedere a qualcuno di battere un bicchiere con un cucchiaino di metallo ogni volta che fai ricorso a un riempitivo e vedrai quanto possa diventare irritante quel tintinnio!
4. «Ho fatto un buon uso della mia voce?» Il tono e l'espressione della tua voce si modulano sulla base del tuo discorso, affinché il pubblico sia attratto dalle tue parole? Il volume della tua

voce si alza e si abbassa per sottolineare i passaggi più importanti?

5. Infine, l'ultima, importantissima domanda: «Ho trasmesso energia?» Sembri uno che si è svegliato da poco o sei vivace e realmente entusiasta di quello che stai dicendo?

SEGRETO n. 15: fai più prove che sia possibile, perché l'esercizio ti aiuterà a dimostrare spontaneità durante la tua presentazione.

Durante la presentazione i momenti di panico saranno ridotti se, preparando il tuo lavoro, farai in modo di conoscere al meglio il tuo pubblico. Per fare questo, cerca di rispondere a queste cinque domande:

1. «Chi sarà presente ad ascoltarti?» Cerca di raccogliere quante più informazioni possibile sul background del tuo pubblico e sul suo livello di conoscenza degli argomenti che affronterai.
2. «Qual è lo scopo dell'evento?» Devi presentare un progetto? Devi fornire informazioni concrete? Devi illustrare i risultati di un lavoro? Avere ben chiaro "perché" stai preparando la tua presentazione sembra banale, ma invece è di estrema

importanza.

3. «Perché sarai tu a parlare?» Rispondere a questa domanda significa fare mente locale sul perché sei stato scelto tu come oratore. È una tua iniziativa? O su di te sono riversate aspettative da parte di chi ti ha chiesto di parlare?
4. «Dove si terrà l'evento?» È importante che tu conosca gli aspetti logistici del luogo dove dovrai illustrare la tua presentazione: sarà un ufficio? Oppure una sala? Sarà necessario usare un microfono? Quale sarà il livello di illuminazione dell'ambiente? Ci sarà un podio? Chi ti ascolterà sarà seduto di fronte a te o sarete tutti seduti attorno allo stesso tavolo? Chi controllerà lo scorrere delle diapositive?
5. «Quando si terrà l'evento?». Rispondere a questa domanda ti aiuterà a organizzare il tuo tempo, anche in base all'eventuale presenza, prima e dopo di te, di altri oratori. E poi considera anche: in quale giorno della settimana si terrà la presentazione? Chi ti ascolterà sarà fresco dopo il weekend oppure avrà accumulato lo stress e la stanchezza di una settimana di lavoro?

SEGRETO n. 16: mentre ti prepari, rispondi a queste domande: «Chi sarà presente ad ascoltarti? Qual è lo scopo dell'evento? Perché sarai tu a parlare? Dove si terrà l'evento? Quando?»

Non dimenticarti, poi, di prepararti agli imprevisti. Certo, non è mai semplice trovare soluzioni a eventi che per nessuna ragione vorresti si verificassero. Ma ce ne sono alcuni che è necessario mettere in conto: la rottura del proiettore, il venir meno dell'illuminazione nella sala, l'interruzione dell'energia elettrica ecc.

Per ciascuno di questi eventi (e per ogni ulteriore imprevisto che ti può venire in mente), pensa a come ti dovresti comportare. Se mai dovesse capitarne uno, sarai preparato e non verrai colto di sorpresa.

Infine, prima di iniziare la tua presentazione, fa' quello che gli americani sintetizzano con la formula "*Rest, Refuel and Relax*", cioè riposati, ricaricati e rilassati. Sarà difficile, soprattutto le prime volte, ma è solo questione di esercizio.

Per approfondire questi argomenti, ti consiglio di leggere l'ebook di Massimo Pigliacampo dal titolo: *I segreti per parlare in pubblico*, che può fornirti gli strumenti per comunicare con efficacia, favorendo la creazione di un ambiente comunicativo positivo tra te e i tuoi interlocutori.

RIEPILOGO DEL GIORNO 4:

- SEGRETO n. 14: nel presentare il tuo lavoro, mantieni sempre il contatto visivo con chi ti sta ascoltando.
- SEGRETO n. 15: fai più prove che sia possibile, perché l'esercizio ti aiuterà a dimostrare spontaneità durante la tua presentazione.
- SEGRETO n. 16: mentre ti prepari, rispondi a queste domande: «Chi sarà presente ad ascoltarti? Qual è lo scopo dell'evento? Perché sarai tu a parlare? Dove si terrà l'evento? Quando?»

GIORNO 5:
Come prepararsi alle obiezioni

Terminata la tua esposizione arriverà il momento delle obiezioni. Sì, perché qualunque cosa tu abbia detto o proposto, sarà lecito che qualcuno abbia qualcosa da contestare o abbia il desiderio di approfondire qualche passaggio della tua esposizione. È necessario, quindi, che ti prepari bene a questa eventualità.

Anzitutto, ricorda: mentre qualcuno interviene sui contenuti della tua presentazione, prendi sempre appunti. Il tuo interlocutore, in questa maniera, avrà la sensazione (fondata o meno, poco importa in questa sede) che lo consideri una persona intelligente (tanto è vero che ritieni opportuno appuntarti i contenuti del suo intervento), che ritieni il suo rilievo importante (tanto è vero che non vuoi correre il rischio di dimenticartelo), che hai voglia di imparare (tanto è vero che vuoi tenere traccia di quanto ti viene detto per perfezionare il tuo lavoro) e che sei una persona coscienziosa e modesta (tanto è vero che dai attenzione e peso a quanto ti viene suggerito). Avevi mai pensato a quanti messaggi "passano" semplicemente prendendo un appunto?

SEGRETO n. 17: al termine della tua presentazione, prendi sempre appunti su eventuali rilievi e domande che ti vengono posti.

Inoltre, esercitati per applicare con agilità quello che qualcuno ha definito il "metodo del cassetto". Quando ti prepari per la presentazione, identifica le domande più probabili e assegna a ciascuna di esse una categoria. In altre parole, classifica ogni domanda e "mettila in un cassetto" specifico.

Questo ti aiuterà a ridurre al minimo il numero di domande su cui prepararti, visto che – secondo gli esperti – il numero massimo di "cassetti" che devi predisporre non supererà le sette unità.

Identificati i "cassetti", trova la migliore risposta per ciascuno di essi. Quando ascolti la domanda, trova la parola-chiave che può aiutarti a trovare e ad aprire il "cassetto" giusto. Infine, guarda le persone negli occhi e parla con sicurezza, basandoti sulla risposta che avrai preparato per quella categoria di domande.

SEGRETO n. 18: per rispondere alle obiezioni, esercitati per applicare sempre meglio la "regola del cassetto".

Facciamo un esempio. Nella tua presentazione stai illustrando un prodotto a un gruppo di *business angels*, dai quali vuoi ottenere un finanziamento per realizzare la tua impresa. Sicuramente una delle obiezioni che ti saranno fatte avrà a che fare con il prezzo di vendita. Preparati perciò una risposta efficace per il "cassetto" «prezzo di vendita» e vai in scena.

Finanziatore: «Perché lo stesso prodotto che potrei acquistare anche dall'azienda X nella sua proposta costerebbe il 15% in più?» (Il finanziatore ha parlato di «costo», non di «prezzo di vendita», ma è di tutta evidenza che il "cassetto" da aprire è sempre lo stesso).

Risposta: «Credo che il nostro prodotto abbia un prezzo competitivo rispetto alla concorrenza, specialmente perché ha una vita media superiore del 35% rispetto a quelli analoghi già presenti sul mercato. Inoltre, è importante ricordare che, nel nostro piano d'impresa, è prevista la messa in opera di un servizio di assistenza clienti attivo 24 ore su 24, non offerto dagli attuali *competitors*».

RIEPILOGO DEL GIORNO 5:

- SEGRETO n. 17: al termine della tua presentazione, prendi sempre appunti su eventuali rilievi e domande che ti vengono posti.
- SEGRETO n. 18: per rispondere alle obiezioni, esercitati per applicare sempre meglio la “regola del cassetto”.

Conclusioni

La facilità di funzionamento dei software studiati per la realizzazione di presentazioni è tale che preparare uno slideshow è davvero un gioco da ragazzi.

Ma c'è differenza tra preparare una presentazione e preparare una "presentazione di successo", perché un lavoro mal realizzato non potrà fare altro che giocare un ruolo negativo rispetto all'obiettivo che ti sei prefisso. A parte alcune rare eccezioni, alla gente non piace granché star seduta su una poltroncina, ad ascoltare qualcuno che parla. E le presentazioni sembrano essere state ideate proprio per superare l'ostacolo della mancata partecipazione e dello scarso interesse del pubblico.

Ma una buona presentazione non può essere improvvisata perché, come spesso accade, le cose più semplici da fare sono anche quelle in cui è più facile commettere degli errori.

Avrai notato quante volte in questo ebook viene citato Steve Jobs della Apple. Non l'ho fatto per mera ammirazione verso di lui e verso i prodotti commercializzati dalla sua azienda. Almeno, non l'ho fatto *solo* per questo.

Ho riportato così spesso esempi che hanno a che fare con lui perché ritengo che egli sia, in assoluto, colui che più di tutti ha capito e saputo sfruttare le reali potenzialità di una presentazione, facendone un uso efficace ed efficiente, sotto ogni punto di vista.

Dopo aver letto questo libro, prova a cercare su un qualunque sito di condivisione di video alcuni stralci delle sue presentazioni: ti accorgerai di quanto Jobs sia abile a sfruttare, al pieno delle potenzialità attualmente conosciute, lo strumento degli slideshow. Guarda con attenzione come realizza le sue diapositive e, soprattutto, come le utilizza per trasmettere il messaggio che gli sta a cuore.

Comprenderai così che Steve Jobs deve diventare il modello a cui ti devi ispirare perché la tua presentazione venga ricordata e fatta propria dal tuo pubblico, suscitando interesse, passione e coinvolgimento. Si tratta di un obiettivo ambizioso, ma assolutamente alla portata di tutti. Sono necessari competenza, pratica e, soprattutto, passione.

Appendice

Consigli e approfondimenti

- About Guide to Presentation Software
  http://presentationsoft.about.com/
- Aspire Communications
  http://www.aspirecommunications.com/
- Badpitch
  http://badpitch.blogspot.com/
- Beyond Bullet Points
  http://www.beyondbulletpoints.com/
- Bill Dilworth
  http://billdilworth.mvps.org/
- Brainy Betty PowerPoint Tips and Tricks
  http://bettypowerpoint.blogspot.com/
- Gallo Communications
  http://www.carminegallo.com/
- Dave Paradi's PowerPoint Blog
  http://pptideas.blogspot.com/

- Death to Bad Power Point
  http://power-points.blogspot.com/
- More than PowerPoint
  http://www.maniactive.com/states/blogger.html
- onPPT
  http://www.onppt.com
- PowerPoint FAQ
  http://www.rdpslides.com/pptfaq/
- PowerPoint WorkBench
  http://www.pptworkbench.com/
- PowerPointed
  http://www.ppted.com/
- Presentation Coach
  http://presentationcoach.typepad.com/presentation_coach/
- Presentation Pointers
  http://www.presentation-pointers.com/
- Presentation Professor
  http://www.professorppt.com
- Presentation Zen
  http://presentationzen.blogs.com/presentationzen/

- Presenters Online
  http://www.presentersonline.com/
- Presenters University
  http://www.presentationuniversity.com/
- Six Minutes
  http://sixminutes.dlugan.com/
- Slideology
  http://slideology.com/
- Speaking About Presenting
  http://www.speakingaboutpresenting.com/
- Speech Tips
  http://www.speechtips.com/

Archivi di immagini, clip art e fotografie

- Thinkstock
  http://www.thinkstockphotos.com/
- Andertoons
  http://www.andertoons.com/
- Awesome PowerPoint Graphics
  http://www.presentationpictures.com/index.htm

- Better Cartoon
  http://www.bettercartoon.com
- Tre Cartoon Bank (New York Times)
  http://www.cartoonbank.com
- Corbis Royalty Free Shop
  http://pro.corbis.com/rfshop/default.aspx
- Flickr
  http://www.flickr.com
- Fotolia
  http://www.fotolia.com/
- Free Digital Photos
  http://www.freedigitalphotos.net/
- Free Photos Bank
  http://www.freephotosbank.com/
- Free Range Stock
  http://www.freerangestock.com/
- Free Stock Photos
  http://www.free-stockphotos.com/
- Glasbergen (Business & Computer)
  http://www.glasbergen.com/cat.html

- MorgueFile
  http://www.morguefile.com
- Ted Goff Newsletter Cartoons
  http://www.newslettercartoons.com/index.html
- Tom Fishburne (Brand Camp)
  http://www.skydeckcartoons.com/
- ToonUps
  http://www.toonups.com/

Templates

- Awesome PowerPoint Backgrounds
  http://www.awesomebackgrounds.com
- Crystal Graphics
  http://www.crystalgraphics.com/default.asp
- GraphicsLand
  http://www.graphicsland.com/powerpoint-templates.htm
- MyBackgrounds
  http://www.mybackgrounds.com/powerpoint.htm
- PowerBacks
  http://powerbacks.com/

- Powered Templates
  http://www.poweredtemplates.com/ppt-powerpoint-design-templates.html
- PowerFinish
  http://www.powerfinish.com/
- Presentation Cafe
  http://www.presentationcafe.com/
- Presentation Load
  http://www.presentationload.com/powerpoint-templates/
- PresentationPro
  http://www.presentationpro.com/
- Template Ready
  http://www.templateready.com
- TemplatesWise
  http://www.templateswise.com/

www.ingramcontent.com/pod-product-compliance
Ingram Content Group UK Ltd.
Pitfield, Milton Keynes, MK11 3LW, UK
UKHW022011190726
13853UKWH00004B/1873

9 788861 743793